Perfumes

Roseana
Murray

1.ª edição
FTD

Perfumes

ilustrações Felipe Cavalcante

Copyright © Roseana Murray, 2022
Reprodução proibida: Art. 184 do Código Penal e Lei 9.610 de 19 de fevereiro de 1998.
Todos os direitos reservados à
EDITORA FTD
Rua Rui Barbosa, 156 — Bela Vista — São Paulo — SP
CEP 01326-010 — Tel. 0800 772 2300
www.ftd.com.br | central.relacionamento@ftd.com.br

DIRETOR-GERAL Ricardo Tavares de Oliveira
DIRETOR DE CONTEÚDO E NEGÓCIOS Cayube Galas
GERENTE EDITORIAL Isabel Lopes Coelho
EDITOR Estevão Azevedo
EDITORA ASSISTENTE Bruna Perrella Brito
COORDENADOR DE PRODUÇÃO EDITORIAL Leandro Hiroshi Kanno
PREPARADORA Marina Nogueira
REVISORAS Lívia Perran e Kandy Saraiva
EDITORES DE ARTE Camila Catto e Daniel Justi
PROJETO GRÁFICO Camila Catto
DIRETOR DE OPERAÇÕES E PRODUÇÃO GRÁFICA Reginaldo Soares Damasceno

Roseana Murray publicou seu primeiro livro infantil em 1980. Desde então, recebeu vários prêmios por sua obra, como os da Fundação Nacional do Livro Infantil e Juvenil, nas categorias Jovem e Poesia (1987, 1993, 1998 e 2013); o da Associação Paulista de Críticos de Artes (1990); e o de Literatura Infantil da Academia Brasileira de Letras (2002). Em 1994, entrou para a Lista de Honra do Ibby (International Board on Books for Young People), com seu livro *Tantos medos e outras coragens*.

Felipe Cavalcante é designer e ilustrador, mestre em Arte Contemporânea e bacharel em Desenho Industrial pela Universidade de Brasília (UnB). Em 2018, publicou com Roger Mello o livro *Clarice*, que recebeu diversos prêmios, entre eles o Jabuti de melhor projeto gráfico; o prêmio Aloísio Magalhães, da Biblioteca Nacional, também pelo projeto gráfico, e o prêmio da Fundação Nacional do Livro Infantil e Juvenil (FNLIJ) de melhor livro juvenil, além de ter sido selecionado para participar da 13ª Bienal Brasileira de Design Gráfico, em Curitiba, e de entrar para o catálogo The White Ravens, da Biblioteca Internacional da Juventude (Internationale Jugendbibliothek), em Munique, na Alemanha.

Dados Internacionais de Catalogação na Publicação (CIP)
(Câmara Brasileira do Livro, SP, Brasil)

Murray, Roseana
Perfumes / Roseana Murray ; ilustrações Felipe Cavalcante. — 1. ed. —
São Paulo : FTD, 2022.

ISBN 978-85-96-03284-1

1. Poesia - Literatura infantojuvenil I. Cavalcante, Felipe. II. Título.

22-100572   CDD-028.5

Índices para catálogo sistemático:
1. Poesia : Literatura infantil 028.5
2. Poesia : Literatura infantojuvenil 028.5

Cibele Maria Dias — Bibliotecária — CRB-8/9427

A - 935.774/25

Para Luis e Gabriela
Akemi, meus netos.
R. M.

Para Elka, Didi e Dinda,
fontes de minhas
memórias e cheiros.
F. C.

Agora que sinto amor
Tenho interesse nos perfumes.
Nunca antes me interessou que uma flor tivesse cheiro.
Agora sinto o perfume das flores como se visse uma coisa nova.
[...]

Alberto Caeiro. O pastor amoroso. *In*: Fernando Pessoa. *Poesia completa de Alberto Caeiro*. São Paulo: Companhia de Bolso, 2005. p. 80.

11
O perfume
do mundo

12
Dama-
-da-noite

13
A noite no
bosque

14
Livro novo

15
Café coado
na primeira luz

16
A praça
da infância

17
Alegria

18
Saudade

20
Ano-Novo

21
Fogão à lenha

22
Vaga-lumes

23
O perfume do amor

24
Sol e chuva

25
Tristeza

26
Chuva

28
Cozinha

30
Numa grande cidade

32
Uma ilha desconhecida

34
O sol

37
Segredos

40
O silêncio

42
Os perfumes
do tempo

47
Quem é
Felipe Cavalcante

33
O perfume de
quem se ama

36
Orquídeas

38
Maresia

41
Mãe

46
Quem é
Roseana Murray

O perfume do mundo

Qual seria o perfume
do mundo?
O cheiro misturado
de mares, montanhas,
gente, floresta?
De todas as alegrias
amarradas
com as dores
e as lágrimas?
O perfume
das pessoas amadas
faz a Terra
mais bela.

Dama-da-noite

A dama-da-noite
carrega o luar
em suas pétalas.
Tem cheiro de amor
e não há pedra
que escape do seu
perfume e sortilégio.

A dama-da-noite
invade a nossa pele
e deixa um desejo
no ar, um anseio
fininho
de bem-querer...

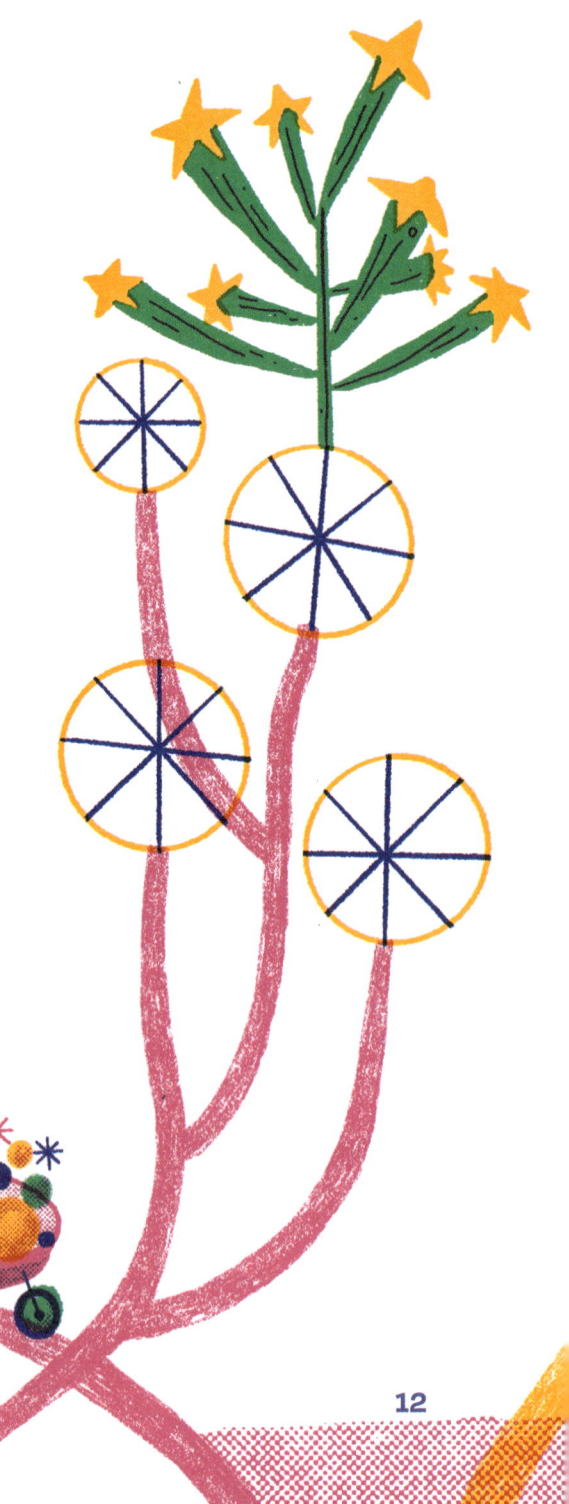

A noite no bosque

Há dentro da noite,
no bosque,
um cheiro de estrelas,
das folhas que exalam
o dia que se foi.
O cheiro do sono,
das árvores,
de água doce,
do rio escondido
e o perfume de todas
as coisas ocultas
costuram o ar
com a luz
dos vaga-lumes.

Livro novo

Um livro se come
com os olhos,
antes de entrar
em suas páginas
como se entra
numa casa nova.

Cheiro de livro novo
acende nossa pele,
acorda nossas mãos
para o tato,
na primeira carícia.

Cheiro de livro novo
traz a floresta inteira,
a árvore viva
em cada letra,
e seremos nós,
leitores, sua seiva.

Café coado na primeira luz

A primeira luz
entra sorrateira
pelas frestas da casa,
feito poeira que o céu
derrama sem querer.

Tudo dorme ainda,
cada coisa em seu sono,
até que a água fervendo
desperte os acordes graves
do cheiro do café,
como quando se acorda
um violoncelo.

A praça da infância

A rua que chegava
na praça
era comprida,
árvores imensas
fabricavam verdes
e sombras.
Na praça as charretes
enfileiradas
esperavam freguês.

Então a praça
tinha cheiro de cavalo.
O fim da tarde,
cheiro de flores azuis,
e a lua era um barco,
uma promessa.

Então a praça
tinha perfume
de mistério.

Alegria

Todos os cheiros
maravilhosos,
desde sempre até agora,
ficam bem guardados
no cofre que carregamos
debaixo da pele,
no coração.
Quando a alegria
vira voo,
chuva e fogueira,
o cofre se abre, e todos
os cheiros se juntam
no perfume
mais delicado,
enlaçando o ar.

Saudade

A saudade aparece
nos lugares
mais inesperados:
num porta-retratos
onde o sorriso
de quem se ama
tem cheiro de sol,
nas notas musicais
que escapam de algum
lugar e flutuam
feito perfume
em nossos ouvidos,
no som de uma palavra,
um nome
que ao ser pronunciado
vira fruta, festa
no céu da boca.

Ano-Novo

No mato,
o Ano-Novo vem
no silêncio,
no sono do galo,
no ramo da árvore
imóvel
esperando o vento.
Ninguém sabe,
na verdade,
como vem.
E tem o cheiro
de todos os dias,
tristeza, alegria.

Nas cidades,
o Ano-Novo explode,
faz barulho, estardalhaço.
Tem cheiro de gente,
de calendário novo,
de bloco de anotações
com a lista
de desejos.

Fogão à lenha

Quando a lenha crepita,
estala, canta e dança
ao sabor do fogo,
e seu perfume
se espraia
juntando mato
e fumaça
por todos os cantos
da casa,
até as lembranças,
os quadros na parede,
as panelas,
todas as coisas,
grandes e pequenas,
se juntam no mesmo
feixe de luz.

Vaga-lumes

Se o vaga-lume
além de luz
carregasse perfume,
seria inebriante.
Em sua mistura
entrariam as flores
mais raras
e o cheiro das estrelas
sempre vivas.
O cheiro noturno
dos rios que invisíveis
serpenteiam.
O cheiro dos milagres
que se acendem,
se apagam,
se acendem
na noite escura.

O perfume do amor

Em sua fórmula,
que os cientistas
buscam em vão,
está tudo o que somos,
nossa luz e sombra,
nossas pontes
e desvãos,
o que já foi
e o que é,
o que pouco a pouco
construímos
com pedaços
de espelho,
nossas rotas celestes,
quando em noites escuras
nos perdemos
na Via Láctea.

Está o outro,
quem não somos.

Sol e chuva

Em países sem sol,
cada raio traz
o seu perfume amarelo
de vida e aconchego.
Em países secos,
de muito sol,
é a chuva que faz
a festa, e cada gota
abre o coração e
derrama sobre a terra
o perfume verde
da esperança.

Tristeza

Talvez a tristeza
tenha o cheiro
da perda,
da neblina,
do tempo
impermanente.
Do que se queria
para sempre,
do que se queria
e não se tem.
Talvez tenha
o perfume
da nostalgia
ou do horizonte
inalcançável.

Chuva

Quando a primeira gota
de água
toca a terra,
feito um pianista
acariciando a tecla
antes de começar
o concerto,
já um perfume
se desprende
feito agradecimento
e sobe aos céus
e invade nossa pele,
o corpo inteiro,
e somos,
por um instante,
terra molhada.

Cozinha

Os perfumes da cozinha
são tantos,
impossível enumerá-los.
Temperos
que trazem o Oriente
e seus mistérios,
mas também
as caravelas e descobrimentos.
É o pão que espalha,
com sua essência,
a sensação
do mais profundo
abraço e nos diz
"campos de trigo
ao vento".

São os assados
embebidos
em memórias
de tempos remotos
e os coloridos
da horta
com o tom grave
da terra
em seu bojo.
E peixes que carregam
o mar e seus mitos,
Ulisses e o canto
das sereias.

A cozinha é laboratório
de perfumes.

Numa grande cidade

Numa grande cidade,
ser caçador de perfumes
é profissão complicada,
mas logo ali,
depois daquela esquina,
uma flor conseguiu
romper o asfalto
e solitária murmura
a sua essência.
E de repente uma rua
arborizada
daria para encher
muitos frascos
do perfume que exalam
e que dizem da floresta
distante,

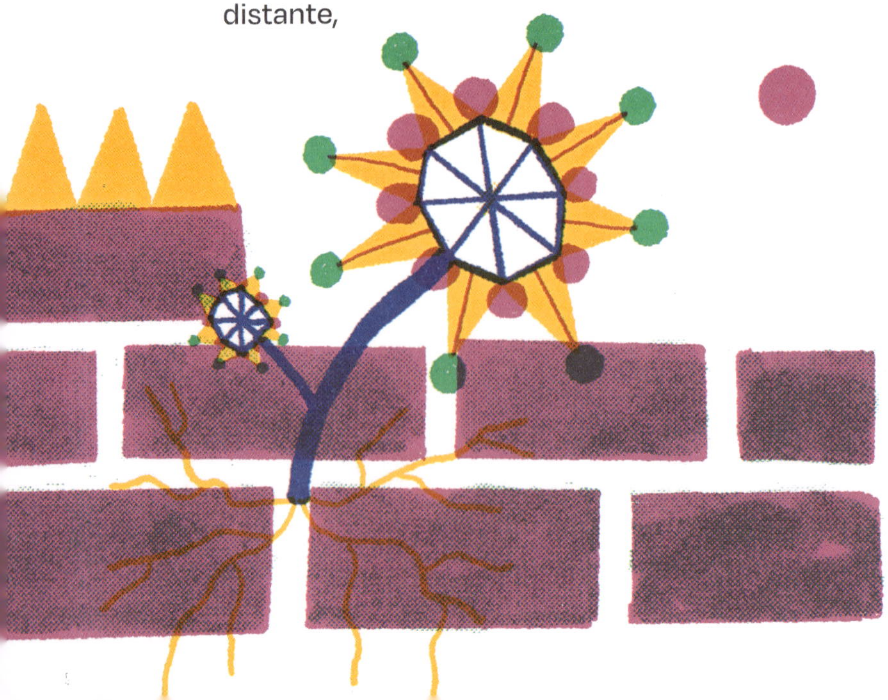

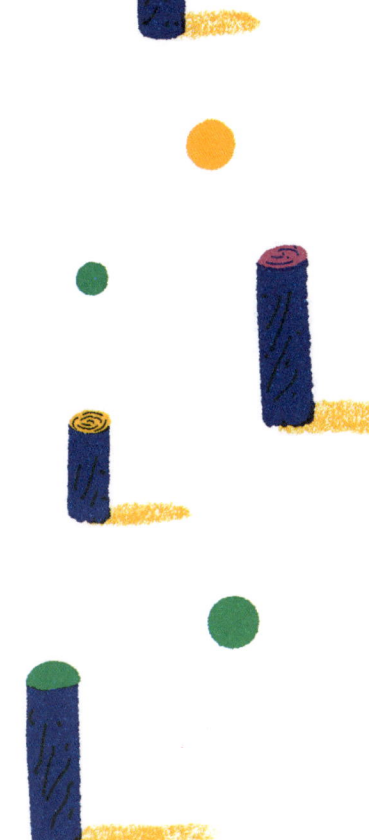

de milhares de árvores
cortadas,
para que se construíssem
prédios, pontes, viadutos,
muros, muralhas.
Mas para quem sabe
olhar,
ali na frente
há um terraço
que guarda ervas aromáticas
em vasos de barro,
e o caçador continua
a sua busca.

Uma ilha desconhecida

Quem nunca sonhou
com uma ilha perdida,
onde o barco
atracasse num mar
de águas douradas,
e cada flor,
planta
e árvore
desprenderiam
um perfume
que nenhuma palavra
conseguisse prender
ou guardar,
só a rede invisível
do amor,
que de mansinho
nos ata e desata.

O perfume de quem se ama

Intraduzível e único,
não se encontra
seu registro
em nenhum dicionário.
Em vão tentaram
todos os perfumistas
das marcas
mais renomadas.
Não se acha no mercado,
porque em sua fabricação
entram pedaços de alma,
pedaços do passado,
do presente e do futuro.
Entram todas as cores
e a música das estrelas.
Só quem ama é capaz
de sentir
as suas nuances,
a sua partitura
de nuvens.

O sol

Meu pai me contava
do frio que fazia
lá longe na sua infância,
no seu país distante.
Os ossos congelavam
e o sangue.
Então um raio de sol
valia mais que todas
as moedas de ouro.
Fico imaginando
o cheiro daquele sol
quando se derramava
sobre o rosto
do meu pai menino.
Talvez tivesse o mesmo
perfume que tem
um campo de trigo
para quem tem fome?

E pouco a pouco
enchia o corpo
do meu pai
de calor e sonhos
amarelos
e talvez então
tenha sido aquele
perfume que fez
com que atravessasse
o mar
para chegar aqui,
num país que é
uma fábrica de luz,
para que um dia
eu pudesse existir.

Orquídeas

As orquídeas
possuem apenas
o perfume
da sua beleza.
O nada que exalam
se preenche
com suas formas
e cores
e, ao olhá-las,
somos transportados
para os lugares
mais raros,
mais distantes,
para os jardins
mais secretos,
e é o nosso espanto
que inventa
a sua fragrância.

Segredos

Para achar um segredo
maravilhoso,
basta seguir
as três pedras
do seu perfume,
seu rastro luminoso
dentro do bosque?
No fundo
de uma gaveta?
Ou dentro das esquinas
do coração?

Maresia

O mar derrama
seu perfume pela casa,
como se um frasco
tivesse se quebrado,
e em todos os cantos
adivinhamos baleias
e caravelas naufragadas,
estrelas marinhas,
os mais belos jardins de algas,
submersos.
É um cheiro entre doce
e salgado,
que cobre a pele
em fina película.
O corpo quase vira
espuma.

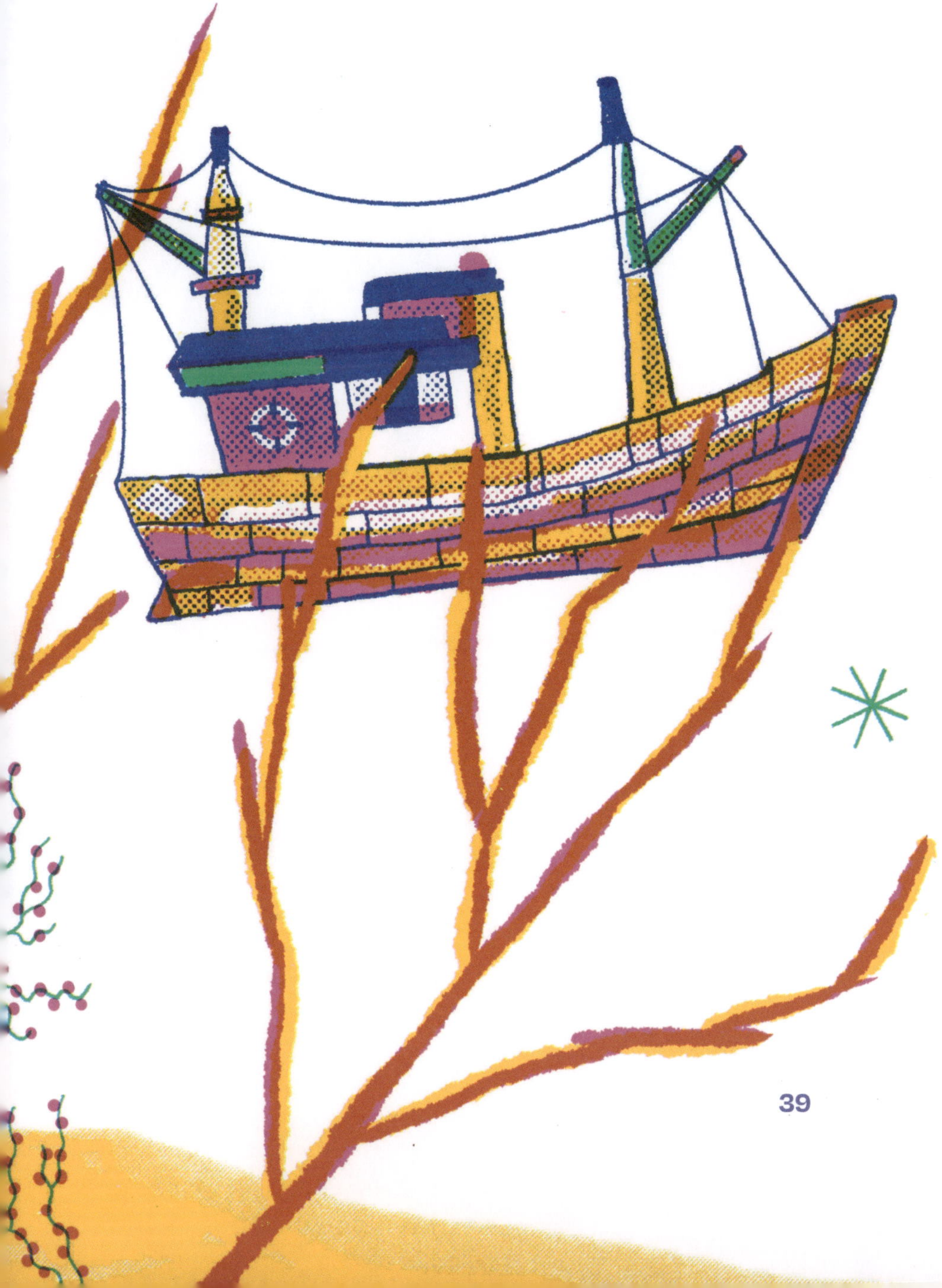

O silêncio

Escutar o silêncio
para sentir
seu perfume,
quer dizer
escutar a noite
e o sol,
as vozes
que chegam
de muito longe
e que fazem
a nossa voz.

Escutar o silêncio
para ouvir
o seu perfume,
quer dizer
mergulhar.

Mãe

Como dizer
o perfume da mãe?
Que é casa,
que é asa,
estrada e pão?

De que jeito
colocá-lo num frasco,
ao alcance da mão
para alguma emergência?

Não é preciso.
Ele flutua e nunca
se esvai.
Por onde vamos,
é abrigo dourado.

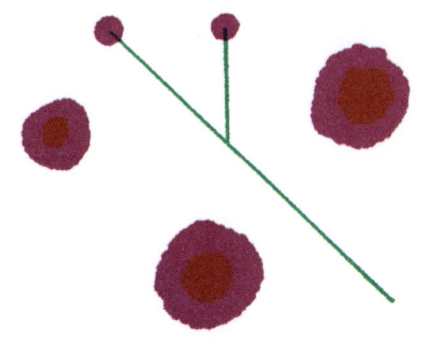

Os perfumes do tempo

Amarrá-los num feixe,
como se amarram
o trigo, flores selvagens,
como se amarram
todos aqueles
que somos,
tudo o que já vivemos
e o que ainda virá.

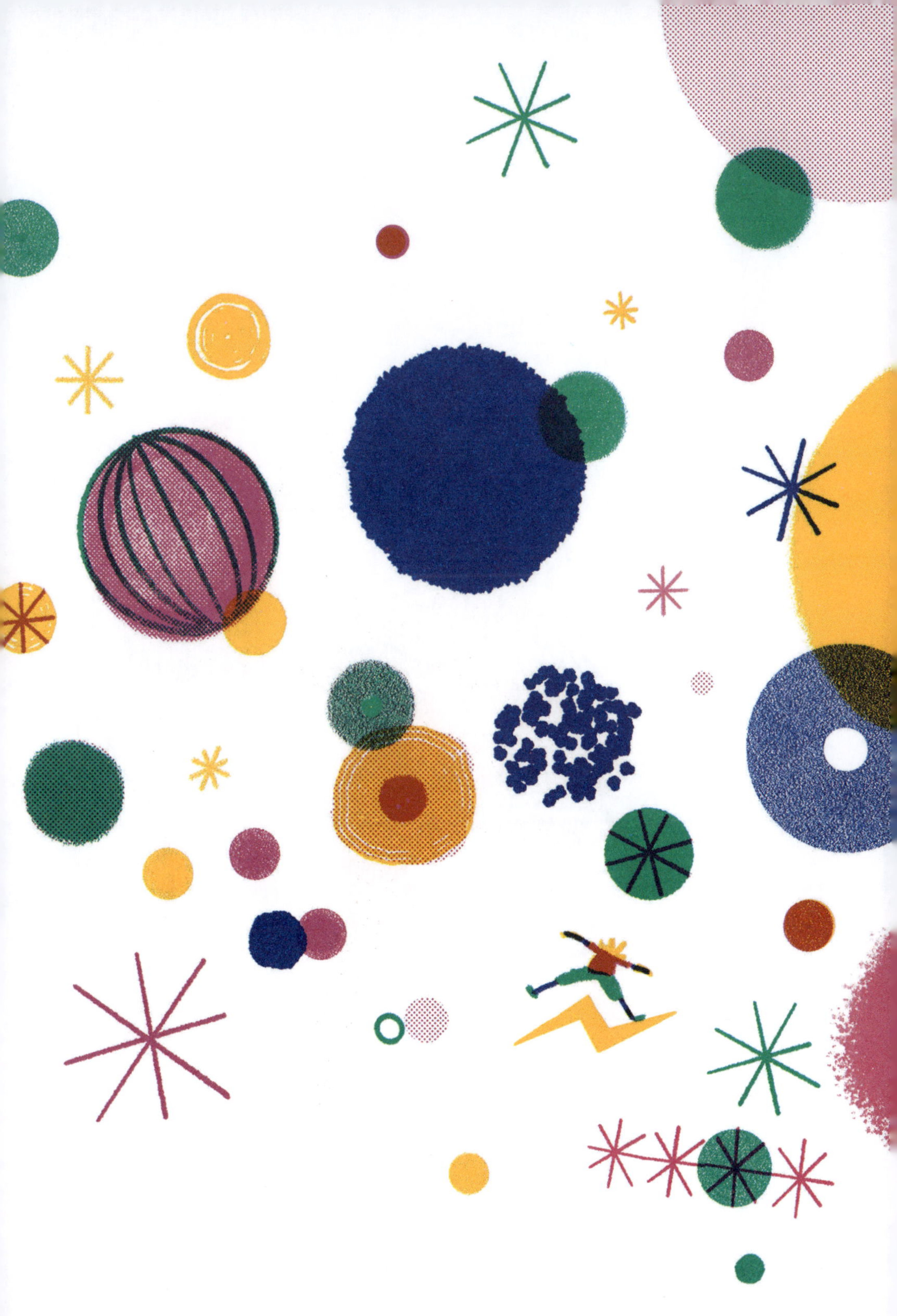

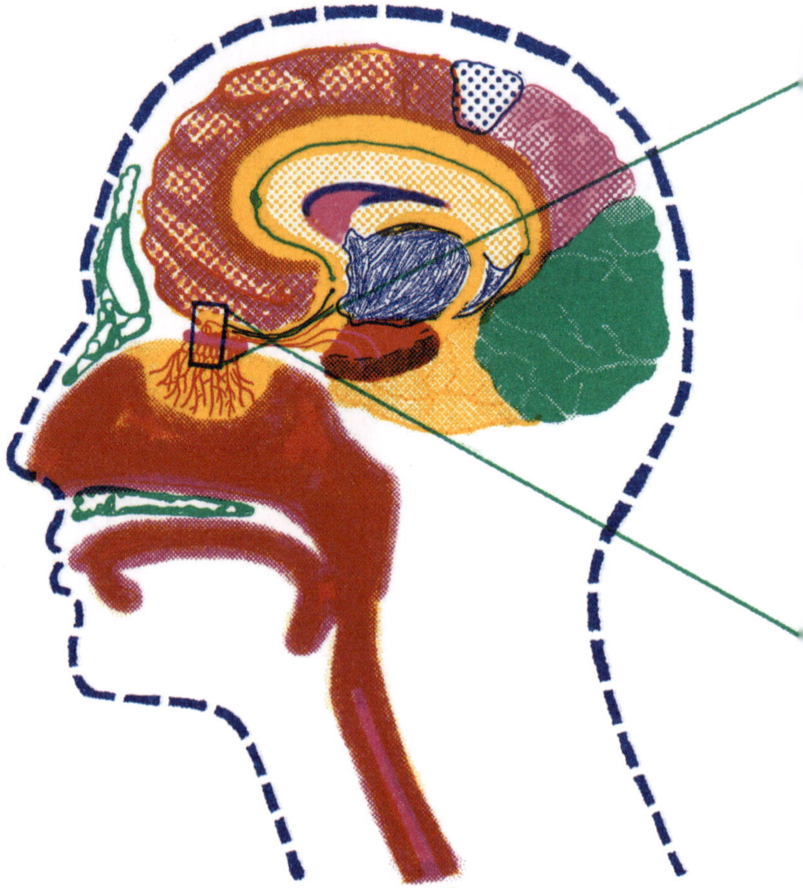

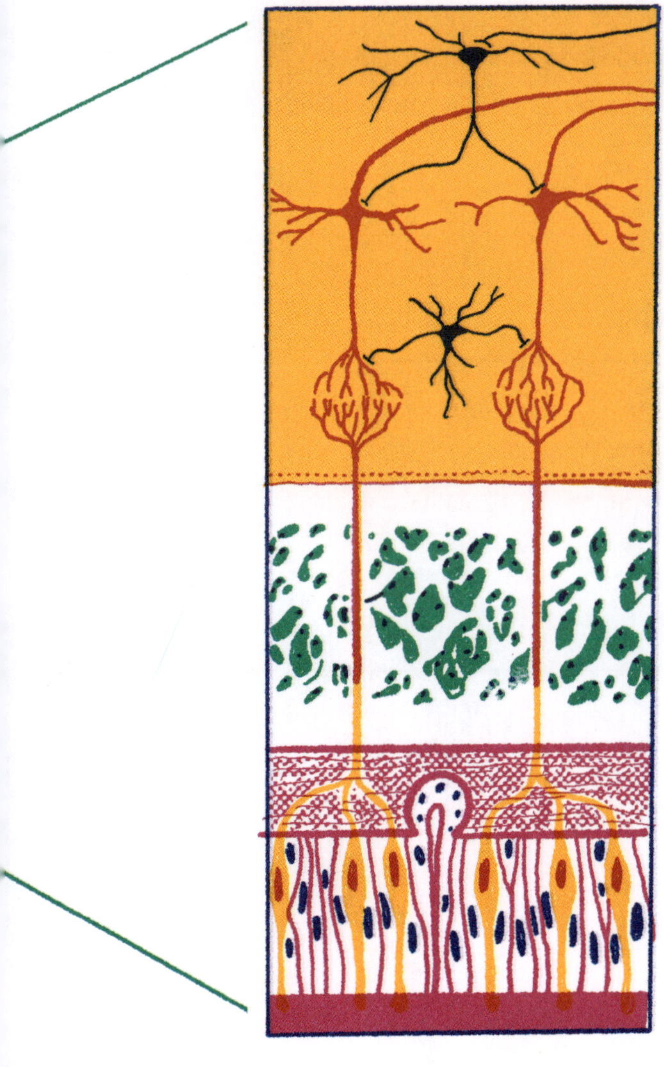

Quem é
Roseana Murray

Oscilo entre o mar e a montanha:

Saquarema e Visconde de Mauá.

Nos dois lugares, os perfumes são tão diferentes e me enlaçam.

Na montanha, sinto o cheiro denso da mata e da terra.

Em Saquarema, a maresia envolve a casa; um perfume de algas.

Foi pensando nisso que escrevi poemas sobre os perfumes mais variados, já que sou poeta.

Tenho mais de cem livros publicados, alguns prêmios e *e-books* gratuitos em meu *site*.

Cada poema possui a sua fragrância.

Quem é
Felipe Cavalcante

Vivo num planalto, bem no meio do Brasil. Conheço o cheiro da seca, que carrega um tanto de poeira vermelha, e da terra molhada anunciando que tem chuva por perto — um aroma diferente daquele que surge na mata e avisa que tem água por ali. Mas também convivo com muitos outros cheiros e temperos que aqui se encontram, frutos da ideia (e concretização) de mudar a capital do Brasil para o centro geográfico do país. Isso reuniu muita gente, e cada uma trouxe um pouco do lugar de onde veio. Um tanto de memória, outro tanto de costumes e cheiros.

Daqui tenho tentado desenhar para me ajudar a compreender o mundo, e disso surgem convites que são presentes. A oportunidade de ilustrar poemas, memórias e perfumes escritos pela autora Roseana Murray transportou-me diretamente aos jardins que surgiram do encontro entre ela e meu tio, Roger Mello, de onde nasceu o livro *Jardins*, memória que me acompanha desde pequeno e versa sobre a proximidade entre desenho e poesia. Com esse presente, chegamos, então, a este livro, que reflete sobre aroma e memória, sobre o olfato como sentido-instinto. Estímulos que percorrem uma jornada microscópica e anatomicamente curta no corpo, mas que desdobram universos e provocam associações sinestésicas. Moléculas: líquido e óleo em contato direto com o estímulo, sem freio. Talvez esse seja o nosso sentido mais selvagem, e também o mais domesticado deles.

Espero que se divirtam nas jornadas de cada perfume que está presente neste livro!

Produção gráfica
FTD educação
GRÁFICA & LOGÍSTICA
Avenida Antônio Bardella, 300 - 07220-020 GUARULHOS (SP)
Fone: (11) 3545-8600 e Fax: (11) 2412-5375
São Paulo - 2025

A comunicação impressa e o papel têm uma ótima história ambiental para contar

TWO SIDES
www.twosides.org.br